Siempre Se Cierra

*Técnicas Y Estrategias de los Mejores
Vendedores Para Perfeccionar El Arte
de las Ventas Para Obtener Más
Clientes, Recibir Más Referencias Y
Ganar Más Dinero*

Por

Omid Kazravan

Gracias especiales a

Mamá

Familia

Juan

Nick

Luis

Averiguar el increíble impacto que estos individuos y varios otros han hecho en mi vida, en la

Tabla de Contenidos

"La vida no es un viaje, sino un destino"

-Ralph Waldo Emerson

Introducción

Gracias a todos por unirse a mí en esta aventura y por aprovechar su deseo de llevar su vida al siguiente nivel. Si estás leyendo este libro, no solo estás comprometido a dar un nuevo paso en tu vida, sino que también estás a medio camino de tu viaje para ser un maestro más cercano.

Desafortunadamente, una vez que aprendemos algo nos sintamos cómodos con la habilidad y ya no perseguimos el proceso de aprendizaje. Nuestra zona de confort nos impide desarrollarnos aún más.

Mi objetivo para este libro es cambiar la forma en que se ve el juego de ventas; no se trata realmente de todas las técnicas de cierre utilizadas cuando se trata de vender, sino más bien quién eres como persona y cómo te vendes a ti mismo.

¿Sabías que cuando se trata de comprar un vehículo nuevo, en realidad se necesitan más días para que los compradores tomen una decisión ahora de lo que solía hacerlo antes? ¿por qué? Actualmente, los consumidores compran a personas en las que Confían. Se trata de la relación construida entre el cliente(s) y el vendedor.

Además, ni siquiera se trata del producto; se trata de quiénes somos como individuos y lo que podemos proporcionar a nuestro cliente(s). ¿Qué **valor** está aportando realmente a su cliente? Seguro usted tenía una situación en la que quería comprar algo, pero el profesional de ventas no sólo era extremadamente asertivo, pero también te hizo sentir incómodo. A pesar de que necesitaba el producto, usted eligió no comprarlo debido a la imprudencia recibida del vendedor. Esto es lo que está sucediendo en nuestra industria en este momento. La gente está tan enfocada en venderse al cliente que pierde la venta.

Tengo la creencia de que nos hemos estado vendiendo desde nuestro nacimiento. Cada interacción con cada persona con la que nos hemos encontrado ha sido un argumento de venta personal. Cuando eras un niño que quería algo de alguien, convencías a la otra persona sobre cuán imperativo era para ti tener el artículo, incluso declarando que estabas dispuesto a hacer cualquier cosa por él. En última instancia, se vendía a sí mismo y, dependiendo de qué tan bien se vendiera, determinaría si recibió o no el artículo.

En cualquier entrevista de trabajo, te estás vendiendo al entrevistador o a la empresa. Ser contratado equivale a "comprarlo". A menudo, las personas contratadas son las que más le gustan en lugar de las más calificadas.

¿Estás comenzando a ver un patrón en este momento? Para aquellos de ustedes que han estado en una relación o están actualmente en una, permítanme explicar cómo funciona. Cuando progresas hacia algo más que amigos, básicamente le estás haciendo saber a tu pareja qué puedes aportar o quién eres realmente. Cuando comienza una relación, su pareja ha elegido "comprar" su producto, usted. Además, para aquellos en una relación a largo plazo, usted se "vendía a sí mismo" en el día a día, lo que resulta en que su socio elija "comprarlo" todos los días. Cada interfaz humana es siempre una interacción de ventas.

Siempre cerrará porque se venderá continuamente.

En este libro, el comienzo establecerá el marco para convertirse en un experto en venderse a sí mismo. Creará la base sobre cómo cerrar continuamente. Como se dijo, no se trata solo de las técnicas para hacer; ser también es una gran parte.

Si te dijera: "Oye, vamos a construir una mansión" y continué con "en la arena", ¿estarías de acuerdo? Si su respuesta es sí, me alegra que haya comprado este libro porque construir una casa sobre una base inestable generará muchos problemas. Dado que es una base inestable, cambiará y se moverá constantemente, por lo que es inestable y no es una buena plataforma para el crecimiento.

Lo que estamos haciendo en ventas es "construir una casa sobre una base sólida". En este libro, le pido que construya una casa conmigo, no sobre arena, sino sobre una base sólida de concreto. Cada capítulo se divide en el siguiente para permitirle absorber toda la información fácilmente.

Quiero dejar una última cosa clara al comenzar nuestro viaje juntos. El hecho de que alguien se registre para una membresía en un gimnasio no significa que estará en forma, lo mismo se puede decir sobre este libro; solo porque lo haya comprado no significa que tendrá éxito en las ventas. Antes de comenzar este libro, debe comprometerse a leerlo de principio a fin y luego aplicar lo que aprende. Este libro te abrirá las puertas y te mostrará el camino; No puedo empujarte por la puerta, al igual que no puedes contratar a alguien para que haga tus propias flexiones. Es algo que debes hacer tú mismo. No hay tal cosa como un ascensor para el éxito, debe estar dispuesto a subir las escaleras y realizar el trabajo requerido para su éxito.escaleras y poner en el trabajo necesario para su éxito.

Al final de cada capítulo os he dejado un espacio donde podéis escribir vuestros pensamientos finales sobre cada capítulo conclusioneslos aún más.

He colocado un "firma aquí" para que te comprometas a ti mismo a usar cualquier cosa que encuentres valiosa en este libro.

X_____

Estoy muy emocionado de enseñarte todo lo que sé acerca de ser un maestro en cómo venderse a sí mismo!

"No hay nada
más peligroso
que una mente
cerrada."

-Anonymous

Capítulo 1: Un cambio importante

si tomara la decisión de leer este libro, entonces ya tienes una mente abierta y serás receptivo a aprender cosas nuevas para mejorar tu rendimiento como vendedor. A menudo, nuestros egos interfieren con nuestro aprendizaje de cosas nuevas y beneficiosas; creemos que ya sabemos la información o nos convencemos de que la información no funcionará para nosotros ya que saber todo sobre nuestro campo y nada mejorará nuestro conjunto de habilidades.

Como líder en ventas, te pido que no leas este libro con tu ego, sino que abras tu mente por las posibilidades que te esperan . Al final del libro, tendrás información para ayudarte a disparar tus ventas y ayudarte a producir tus números de metas.

Hay un orador que comparte la historia de asistir a un seminario con Tony Robbins, un famoso orador motivacional. En el seminario,

Tony estaba escribiendo notas febrilmente, mientras que el otro orador le miró cuestionando cómo podría escribir tanto. Al final del día, los dos oradores estaban comparando sus notas; El cuaderno de Tony se llenó de principio a fin, mientras que el otro orador sólo tiene un par de páginas en su libro. En shock absoluto, le preguntó a Ed Tony cómo y por qué lo hizo. Tony respondió diciendo cada vez que en un entorno de aprendizaje que asiste como si no supiera absolutamente nada sobre el tema para permitir que todos los información para fluir con un filtro en su mente para que pueda capturar esa pepita de oro.

Nuestro primer capítulo va a ser sobre el cambio de mentalidad que tenemos que hacer. Hay cosas que necesitamos desaprender para aprender cosas nuevas. Es la razón por la que muchas empresas, especialmente los concesionarios de automóviles, les encanta contratar a nuevos vendedores, como para no estar agobiados con algunos malos hábitos que acompañan a los vendedores mayores.

Esto es para decir que tiene malos hábitos, pero hacer las cosas que aprendió al principio de su entrenamiento para construir una base sólida necesitan ser cambiados, o al menos alterado.

No se puede vender a todo el mundo

Un error cometido por muchos vendedores es tratar de vender a cada persona caminando en . Lo que sucede cuando intentas vender a todo el mundo es que la gente puede olfatear tu intención muy fácilmente. Saldrás como necesitado y descarado o de un lugar de escasez ,lo cual no es algo bueno. Es como salir; sólo porque encuentres a alguien atractivo no significa que saldrás.

Es importante estar abierto a lo que nos venga. tenemos la intención de vender a cada persona, estamos más comprometidos con la venta an ala persona.

Las ventas tienen que ver con la otra persona. En lugar de centrarse en vender a cada persona, concéntrese en **servir** a cada persona. Si cambias de vender a la persona a servir a la persona, hará una diferencia en tu negocio y tu carrera.

Es este único cambio de mentalidad de servir a todos los que camina a través de nuestras puertas que usted necesita adoptar. estás enfocado en servir, tiendes a tratar a las personas de manera diferente porque estás atento a ellos y no a ti mismo. Típicamente, cuando nos enfocamos en nosotros mismos, los demás pueden sentir nuestra insinceridad

Preguntas para hacerse:

- *¿Cómo puedo servir a esta persona ahora mismo?*
- *¿Cómo puedo estar más presente en este momento?*
- *¿Qué necesita esta persona?*

Una vez que tenga este cambio de mentalidad, el juego cambiará para usted. Si usted considera si usted quiere comprar algo, ¿quiere ser tratado como un signo de dólar o como una persona? Usted estaría más dispuesto a trabajar y comprar un producto o servicio de un vendedor que le haga sentir importante en lugar de otra venta o número.

Así es exactamente como me convierto en uno de los mejores vendedores en mi empresa. Trabajé en un concesionario y no sabía absolutamente nada sobre los coches o cualquier truco sobre cómo venderlos. La mayoría de mis compañeros de trabajo eran 10-30 años mayores mí y tenía varios años de experiencia en ventas profesionales bajo sus cinturones. Sin embargo, a pesar de que habían estado en la industria más tiempo que yo, no me disuadió.

Sabía lo que quería, por qué lo quería, y cómo tratar a la gente. Entendí el concepto de que a la gente le importa lo mucho que sabes hasta que saben lo mucho que te importa. Debido a la forma en que traté a mis clientes, recibí una multitud de referencias que me permitirían cerrar alrededor del 75% de cada venta con cada persona con la que hablé.

¿Qué hace la declaración, "People no le importa cuánto sabes hasta que sepan cuánto te importa"? Piense en una época en la que no había una intención oculta, sólo el concepto de hacer feliz a la otra persona. Si usted toma una cosa importante de este libro, debe ser este concepto; esta idea de servir a su cliente le llevará a donde usted necesita ser y diferenciarte de las otras personas de ventas.

Yo estaba tan seguro de la forma en que trato a la gente que pediría trabajar con el cliente de un compañero de trabajo cuando él o ella perdería una venta; ya que trato al cliente como la realeza, resultaría en una venta para mí. Incluso tuve casos en los que el cliente me gustaba tanto que me propinaba dinero extra, como si fuera camarero. un resultado, mis compañeros de trabajo cuestionaría lo que estaba haciendo, pero yo simplemente sonreía a la familia a la que acabo de vender. He tenido clientes que me invitan a sus cenas familiares, a salir a la ciudad con ellos, y a otros que han regresado con regalos simplemente por cómo los traté.

El Golden Rule afirma tratar a los demás cómo quieres ser tratado. Pero hay una regla por encima de eso, que es aún mayor! Comience con el concepto de tratar a las personas de la manera en que desea ser tratado; poniéndose en primer lugar, por lo general trata a los demás con un tonelada de respeto porque así es como quieres que te traten. El único defecto en esta regla es de nuevo el enfoque está en usted. Esta es la razón por la que hay una regla más alta: el Platinum Rule.

El Platinum Rule es tratar a los demás de la manera *que* quieren ser tratados. No importa cómo quieras que te traten o lo que creas que es correcto en tu modelo del mundo. Todo depende de la persona que esté sirviendo en su venta.

Piénsalo, si alguien viene a comprar algo y lo tratas EXACTAMENTE cómo quiere que lo traten, incluso si él o ella no quiera hacer un compra, él o ella te recordará y posiblemente te referirá a otras personas.

Los siguientes capítulos discutirán cómo identificar cómo las personas quieren ser tratadas y cómo conseguir que te sustenten necesidades para que no tengas que hacer nada de el trabajo. Usted nunca quiere hacer *que* su cliente compre; quieres *dejar que* compren. por ser un administrador de servicio y guiara su cliente a través del proceso de ventas, él o ella eventualmente querrá hacer el compra.

¡Anota tus principales conclusiones!

_____

_____

_____

_____

_____

_____

_____

_____

_____

_____

_____

_____

_____

"Cuando tengas ganas de dejar de pensar por qué empezaste"

-Anonymous

Capítulo 2: Razón convincente por qué

Cuando ordena una hamburguesa, ya sea una hamburguesa con queso o una hamburguesa vegetariana, la parte más importante de una hamburguesa es la empanada. No creo que alguna vez haya disfrutado de una hamburguesa que no tuviera una empanada y creo que es seguro asumir que probablemente tú tampoco.

En este capítulo, discutiremos la "empanada de la vida", especialmente cuando se trata de ventas, su razón POR QUÉ. Esto es esencialmente a lo que se reduce todo, ya que sin él no hay sabor, impulso ni un propósito superior para mantener sus ventas.

Si sus ventas dependen de las ventas diarias, sé lo que ocurre cuando transcurre un día entero sin una sola venta; Es uno de los peores sentimientos. Pasé 13 horas en mi concesionario, hablé con un montón de personas y, sin embargo, no vendí a una sola persona. De todos los vendedores con los que he hablado, esto es lo que podría hacer o deshacer todo su mes, a menos que tenga más poder.

Tal vez se pregunte cómo esto ayudará a ser siempre el mejor en ventas al cierre. Es simplemente porque las ventas no solo se reducen a un área de su vida; sus ventas y la forma en que trata a las personas se reduce a cada área de su vida y cómo se presenta. Su razón por la que quiere estar en ventas, y ser el mejor, es cómo será un vendedor superior.

Cuando se acerca un momento en el que te enfrentas a la derrota cara a cara, es tu razón POR QUÉ eso te ayudará a ganar la batalla y salir victorioso. Tu POR QUÉ te dará energía para seguir adelante, ayudarte a mantener tu posición en la parte superior o incluso pasar al mejor vendedor y reclamar esa posición por ti mismo.

Sabía exactamente cuál era mi POR QUÉ: realmente quería ser un vendedor como uno de mis mentores. Después de unos 10 meses de traslados con la persona a cargo de dirigir el departamento de ventas, seguí golpeando obstáculos. Seguía rechazándome una y otra vez. Luego me dijo que buscara un trabajo de ventas, que subiera a la cima y que volviera a él en 6 meses. Por lo tanto, eso es exactamente lo que hice; Me contrataron en mi concesionario e inmediatamente comencé a subir la clasificación.

Mi POR QUÉ estaba obteniendo el trabajo de mis sueños en ese momento. No iba a permitir que nada se interpusiera en mi camino. Cada vez que me cansaba o me desmotivaba, solo me preguntaba ¿POR QUÉ comencé este viaje? Una vez que pude tranquilizarme sobre mis razones, nada me detuvo.

Esto es lo que te impulsará hacia tu grandeza.

Tu POR QUÉ es la empanada de tu vida; es donde dibujas tu inspiración y tu motivación para hacer algo. Es donde descubres por qué algo te está causando dolor y por qué algo te está dando placer. Tu POR QUÉ te permite decodificar cualquier cosa en tu vida y volver a codificarlo. POR QUÉ le permite realizar ingeniería inversa a lo que desee y es la herramienta más grande que necesita en su cinturón de herramientas cuando se trata de crear algo.

Puede que te estés preguntando; ¿Cómo encuentro mi POR QUÉ? Hay un proceso simple para ayudarlo a encontrarlo.

Primero, comienza haciéndote estas preguntas:

- *¿Por qué estoy emocionado en la vida?*

- *¿Quién necesito ser para ser el mejor vendedor que pueda ser?*

- *¿Qué quiero lograr con mis ventas?*

- *¿Por qué quiero lograr estos objetivos?*

Una vez que haya encontrado las respuestas para cada una de estas preguntas, comience a cuestionar su propia respuesta.

Por ejemplo:

- ¿Por qué estoy emocionado en la vida? : Estoy emocionado por la oportunidad de poder decirle a mi madre que nunca tiene que trabajar un día en su vida de nuevo. Estoy emocionado de compartir mi mensaje con personas de todo el mundo e impactar a aquellos que lo necesitan.

- ¿Por qué quiero hacer todo esto? Quiero hacer esto porque mi madre es la razón por la que estoy donde estoy hoy y ella merece disfrutar de su vida ahora. Cuando era más joven, alguien compartió su mensaje conmigo y cambió mi vida. Si yo renunciara ahora, otros no escucharían mi mensaje y podría cambiar el camino de su vida.

¿Ves cómo básicamente descodificaba la respuesta ya decodificada? La razón por la que necesitamos profundizar es la razón por la que esta herramienta es tan poderosa. Cada vez que miras a toda la gran gente del mundo —los Mozartos o los Jordanos o Shakespeares— es por la que están (o estaban) es debido a su porqué; los impulsa a ser más empoderados y excepcionales.

Eche un vistazo al mejor profesional de ventas en su campo; hay una razón por la que está produciendo en un día-a-día base. En mi concesionario había un hombre mayor que vendía a todos cada mes. Por desgracia, este hombre también fue el más deshonesto en el concesionario y constantemente recibir malas críticas. Sin embargo, su ética de trabajo estaba fuera de las listas, trabajando7 días a la semana y 13 horas al día. Cuando la gente terminaba el mes con 35 ventas,   terminaba con 44. Desafortunadamente, todos se burlarían detrás de su espalda y se quejaría de que siempre saldría en la cima, pero nadie le preguntó cómo o por qué lo hizo. Un día me tomé la libertad de compartir el almuerzo con él y me explicó que tenía 3 niños en la universidad y quería para asegurarse de que no tendrían   un problema viviendo la vida que quieren que el viva; También dijo en broma que a su esposa no le gusta cuando está en casa, así que viene a trabajar para que también pueda hacerla feliz.

¿Ves lo poderoso que era su porqué? Lo derramó todos los días a trabajar para hacer todas esas ventas para ganar comisiones para su familia para estar mejor de lo que era.

Una vez que empiezas a   decodificar tus respuestas y empiezas a entender por qué quieres cada cosa, podrías encontrarte con un patrón de puntos en común. Aquí es donde agarras todo lo que te excita sobre por qué estás haciendo lo que quieres hacer y creas tu último POR QUÉ.

Recuerde, su porqué es para usted; otras personas piensan acerca de su porque es irrelevante porque es su vida. Por lo general, lo que he encontrado es, que las personas que establecen su PORQUÉ es a algo fuera de sí mismos o más grandes que ellos mismos están más obligados a lograr sus metas porque no están tan enfocados en sí mismos. Sin embargo, si enfocarse en ti mismo es lo que funciona para ti, entonces ve por él.

También tenga en cuenta este PORQUE no tiene que permanecer con usted toda su vida; a medida que maduras y improvisas tu forma de vida cada día, tu PORQUE también se alterará. No serás la misma persona hoy que en cinco años, por lo tanto, está bien si tu WHY altera en el camino como eres de creencias , los valores y las reglas cambian. No creo que usted está llevando este PORQUE a la tumba con usted; una vez que te separas de eso y permitas que te sirva en el momento presente, entonces permitirás que tu PORQUE te sirva necesita mucho más fácil.

Consistencia

¿Alguna vez has sido testigo de cómo algunas personas siempre son consistentes con que se han puesto a hacer? Independientemente de qué obstáculo se le ocurra, todavía encuentran una manera de lograr sus metas. La única razón por la que lo hacen es porque tienen un lo suficientemente fuerte por qué impulsarlos a través de los tiempos difíciles.

Los tiempos llegarán para todos. La vida te lanzará bolas curvas, pero si tienes tu PORQUÉ listo para enfrentarte a los tiempos difíciles e imponer su postura, tú también puedes luchar contra los tiempos difíciles de frente y salir victorioso.

El fitness siempre ha sido un catalizador en mi vida; Estoy muy agradecido por mi viaje porque si no es por ello no estaría donde estoy hoy. He pasado una multitud de años aprendiendo sobre el fitness, pero, es cierto, también he pasado esos años deteniéndome y yendo en mi estado físico estilo de vida. Este era el momento en que empezaría a establecer grandes metas para mí y luego unos meses más tarde me sentiría demasiado cómodo y me desvanecería hasta que dejaría de hacer ejercicio por completo. Por supuesto, varios meses más tarde volvería a empezar de nuevo. Era un ciclo, pero fue un ciclo que me empujó hacia adelante en mi viaje.

No importa lo duro que funcionó o no me gustó mi cuerpo o me eduqué a mí mismo, seguiría encontrando excusas para parar. Nunca me vi obligado lo suficiente para terminar. No tenía visión, ningún propósito detrás de ella, no tenía sentido.

Cuando algo no tiene sentido, tendemos a prestarle menos atención porque no vemos ningún valor proveniente de él. Por mucho que quisiera ese cambio, tanto como volvería a empezar y cambiar mi enfoque, seguiría obteniendo los mismos resultados hasta que cambiara ese factor.

Necesitaba mi visión mi porqué para poder seguir adelante. La consistencia viene de tener una visión clara de hacia dónde vas. Si haces lo que siempre has hecho, seguirás teniendo los mismos resultados. Una parte imperativa del ciclo de éxito es cambiar su enfoque cuando algo no está funcionando para abordar el desafío de nuevo. usted cambia el problema raíz, su ciclo continuará.

Un punto alarmante es cuando usted cree que un problema en un área de su vida sólo permanecerá en esa área específica. Sea como fuere, el problemas no suele ser un problema de nivel de superficie, sino más bien una consecuencia más profundidad que necesita ser resuelto. En mi caso, no tenía un propósito claro y definido. No sólo se estaba apareciendo en mi régimen de salud, sino que también estaba apareciendo en otras áreas de mi vida también.

Cuando los tiempos se vuelven difíciles, tu mejor acción no es la reacción, sino dar un paso atrás en la situación. Siéntate o acuestate, ve a un espacio tranquilo, o lo que sea que te sientas más cómodo haciendo y ponga su mano sobre su corazón; respira profundamente y escuche su corazón latiendo. Al despejar tu mente y enfocarte en el latido de tu corazón, te permite estar agradecido por tu corazón y por su latido automáticamente para usted. Mientras estás sentado allí respirando vida en tu corazón y llenando tu mente de gratitud, comienza a preguntarte por qué. Visualizar su porqué venir a la vida: empezar a imaginar los sentimientos corriendo por su cuerpo cuando sucede. Siente lo que sentirías cuando esté hecho, ver lo que verías cuando se haya logrado, escuchar lo que escucharías cuando finalmente lo alcances, debes permitir que todo tu ser experimente el poder de tu PORQUE.

Permita que esta imagen clara de su futuro sea su pincel para colorear su nuevo lienzo en blanco que ha creado y utilice este poder para extender sus ventas.

¡Anota tus principales conclusiones!

_____

_____

_____

_____

_____

_____

_____

_____

_____

_____

_____

_____

_____

"A la gente no le importa lo mucho que sepas, hasta que sepan lo mucho que te importa"

-Teddy Roosevelt

Capítulo 3: Lengua de plata

¿Alguna vez has estado en una conversación en la que estabas "hablando" con alguien y otra persona monopoliza la conversación pero afirma que realmente disfrutó de la conversación? Incluso aunque usted no dijo una sola palabra?

La razón de esto es que a la gente le encanta hablar de sí misma, especialmente cuando es alguien que ofrecerá toda su atención y simplemente escuchará sin interrumpir o juzgar. Esta es una habilidad tan esencial para tener en la vida, especialmente cuando se trata de ABC.

Como se indicó anteriormente, a las personas no les importa cuánto sabes hasta que sepan cuánto te importa. No seas ese vendedor que simplemente diva parte de tu vida o de tu producto sin ninguna intención o propósito.

Lo primero que hago cuando un cliente entra en mi concesionario es saludarlo preguntando su nombre y cuál es el propósito de su visita. Escucho atentamente sus palabras exactas; una vez que sé por qué está en mi showroom, discuto cómo encontrar un coche en nuestro sitio web de computadora. Esta es la parte en la que me hago cargo de la conversación porque explico cómo funciona nuestra empresa y cómo el proceso de selección de un coche de trabajos.

Si un cliente no está de acuerdo conmigo durante este período, no discuto de nuevo, sino que más bien les permito terminar de hablar, de acuerdo con él o ella, entonces cambiar la dirección del tema a algo más poderoso para servirnos a los dos. Usted nunca quiere estar en desacuerdo con su cliente porque inmediatamente destruye la relación que ha construido.

Después de cambiar de tema, acompaño a mi cliente a los vehículos y le permito explorar todo solo. Le informo a mi cliente dónde estaré si me necesita y le ayudaré. La locura detrás de esta táctica es permitir que el cliente se venda a sí mismo ya que él o ella sabe exactamente lo que quiere y no iba a hacer que se enamorara de un auto que no estaba buscando sólo porque conseguiría una comisión más alta. Quiero atender a mi cliente y sus necesidades.

Cuando conversamos e, siempre se centra en el cliente. Si me hacen una pregunta, respondo brevemente a la pregunta y luego cambio el foco de nuevo al cliente. La clave para conversar con un cliente es mantener la discusión en un medio 80/20 en el que estás escuchando el 80% del tiempo y solo hablando el 20% del tiempo. Algunas veces la mejor forma de comunicación es escuchar. Mantenerlo en un rango 80/20 otorgará al cliente la capacidad de confiar en usted también.

La manera de mantener la conversación fluyendo con un cliente es hacer preguntas abiertas-terminadas que no conduce a una simple respuesta sí o no Por ejemplo, " "Como usted terminó en esta área? " le permite aprender un poco sobre la historia de su cliente, lo que abre más caminos cuando se trata de pedir a otros preguntas. Al profundizar en el estilo de vida del cliente, usted es capaz de ayudar más en la venta. Por ejemplo, si una mujer entra y dice que sus hijos están todos en la universidad, usted no quiere sugerir una minivan porque no se ajustará a su estilo de vida y puede irse sin hacer una venta; sin embargo, si sugieres que haga algo por sí misma y le muestres el nuevo auto deportivo, puede sugerirte a tus amigos que están en la misma posición en la vida, y ahora tus ventas pueden duplicarse o triplicarse.

Otra cosa que quiero dejar claro es que la cuestión es parte de ser un vendedor que atiende a sus clientes. Usted realmente debe estar interesado en lo que su cliente tiene que decir porque usted no está haciendo una multitud de preguntas sólo para cerrar una venta, sino porque realmente te importa y estás realmente interesado en lo que su cliente tiene que decir.

Así es como te conviertes en una persona muy afable en la que tus clientes disfrutan de estar cerca y te sientes cómodo depositando su confianza en.

Relación

la relación es una relación armoniosa que forman con otro. Es una forma de programación neurolinguística (PNL), o los tres elementos (neurología, lenguaje y programación) que abarcan la experiencia humana. El entendimiento utilizado a diario para forjar una sensación de confianza y comprensión. Una manera más fácil de entender esto en una situación en la que conoces a alguien por primera vez, sin embargo, sientes que lo conoces desde hace mucho tiempo porque sus personalidades encajan tan bien.

Básicamente, la relación hace que sea muy fácil cerrar una venta con el cliente porque confiará y entenderá. Es el arte de estar en armonía con tu cliente para que se sienta tan BIEN acerca de él o ella querrá estar a tu alrededor.

La empatiaes una habilidad que necesita para añadir a su cinturón de herramientas de comunicación. aquí hay varios libros sobre este tema, así que no dude en continuar su estudio si desea aprender más. Soy un gran defensor de la mejora constante y sin fin.

Construyendo una relacion

Para construir una relación, nosotros:

- Sonrisa

- Coincidencia

- Hablar su idioma

- Construir sobre sus ideas

- Ser honesto

Recuerda, no estás vendiendo; estás haciendo un amigo. Desea que sea familiar para el cliente . Personas como otras pueden encontrar una similitud con y pueden relacionarse con ellas. Si sigue los pasos para construir una relación, usted y su cliente tendrán una relación armoniosa, que sólo puede conducir a una venta.

El primer paso es sonreír.

Sonreír es tan importante, sin embargo, no hacemos losuficiente. Recuerdo que un día miraba alrededor de mi showroom durante las horas pico y durante las horas lentas y todo el mundo era taciturno y llevaba estrés y decepción en su cara. ¡NO! ¡No hagas esto! Sonreír es una herramienta tan poderosa cuando se trata de ventas porque te hace confiable y te hace extremadamente accesible. Cuando sonríes, muestra que eres feliz y disfrutar y la gente quiere estar cerca de alguien que está dando tanta energía positiva. De ninguna manera estoy diciendo tener una enorme espeluznante, sonrisa de payaso pegado a su cara, pero una sonrisa agradable, genuina, y acogedor hará que todo su día alrededor .

Recuerdo a uno de mis nuevos compañeros de trabajo absolutamente aumentando su volumen el primer mes de venta. Le pregunté cómo lo estaba haciendo, pero automáticamente sabía la respuesta; Quería estar cerca de esta persona todo el tiempo,especialmente porque su sonrisacalentó lahabitación. Cuando trabajaba con uncliente, otros esperaban paciente y felizmente a que terminara todas sus tareas porque tenía una energía tan poderosa y positiva sobre él.

El siguiente paso es Coincidencia y creación de reflejo.

Esta es otra forma de construir una relación usando lenguaje corporal. El emparejamiento y la duplicación es una de las formas más simples, pero efectivas, de construir una relación porque te permite ser como la otra persona. Para hacer esto, sutilmente emparejar y reflejar lo que la otra persona está haciendo con su cuerpo y durante la conversación. Por ejemplo, si ves a tu cliente tender la mano y rascarse la cabeza, extiende la mano y rasca la cabeza también. Si ve a su cliente tomar un sorbo de agua, tome un sorbo de agua también. Si se sienta de cierta manera, te sientas exactamente.

Una vez más, recuerde que estamos construyendo confianza y simpatía con el cliente. Debes perfeccionar el arte de emparejar y reflejar de una manera elusiva y te darás cuenta de que la persona comenzará a responderte aún más.

El paso tres es encontrar un terreno comun.

Encontrar un terreno común es construir una relación a través de la comunicación mediante la búsqueda de algo que tiene en común con su cliente. Ya sean las películas que te gustan o tal vez incluso un pasatiempo, aquí siempre es algo que se puede compartir con una persona para construir la relación.

Usted necesita probara su cliente haciendo preguntas para que pueda encontrar inmediatamente algo común sobre el que construir. Recuerda, la gente acude a los que les gustan.

Permítanme compartir un ejemplo de excelentes habilidades de relación. Mi tía era una vendedora puerta a puerta para Tony Robbins; ella entraba en un negocio y pedia hablar con un gerente con el fin de reservar una presentación y vender entradas para uno de los eventos del Sr. Robbins . Después de hablar sin problemas con la gente de recepción, que finalmente estaba sentado frente al gerente general de el concesionario. Desafortunadamente, él no le estaba prestando atencion porque estaba trabajando y no le importaba lo que ella tenía que decir porque él era extremadamente cerrado de mente. Mientras se sentó en la oficina tratando de obtener su atención para discutir su propuesta, él ni siquiera estaba haciendo contacto visual con ella y dándole respuestas extremadamente secas como ella estaba tratando de cerrar un trato. Eso es hasta que vio su teléfono hasta con un salvapantallas

de él y un Lamborghini. Inmediatamente, supo que tenía algo que usar para encontrar puntos en común. Sél le dijo, "Oh,que es un coche tan agradable! Es uno de mis favoritos. ¿Es tuyo? " En ese momento, el gerente estaba enganchado, se detuvo lo que estaba haciendo, se centró en ella, y procedió a hablar sobre el coche durante horas mientras mi tía escuchaba. ¿Puedes adivinar qué pasó después? Ella habló de todo el negocio y vendió sus entradas todo debido a la relación que estableció con el gerente.

A continuación, debe aprender a hablar su idioma.

Aquí es donde se pondrán a prueba sus habilidades de escucha. Al alcanzar el pico del idioma de su cliente, comenzará a responderle. Un relacion es una armonía entre las personas y eso es lo que quieres crear. Escuche la forma en que su cliente habla; ¿Usa mucho su cuerpo? ¿Es ruidosa? ¿Repite una frase determinada varias veces? ¿Describe las cosas a través del sonido, sensaciónes, o visuales?

Hay 5 categorías con las que las personas se identifican:

- ✓ Visual
- ✓ Audio
- ✓ Kinesthetic (movimiento)
- ✓ Olfativo (olor)
- ✓ Gustatorio (sabor)

Como pueden ver, todos estos se relacionan con nuestros cinco sentidos.

Una vez que descubra cuál pertenece más a su cliente, puede comenzar a "hablar" su idioma.

Necesitas aprender a distinguir las palabras que usan para describir su experiencia. La gente tiende a repetir palabras que más se parecen a ellas. Depende de usted cuando se está comunicando para escuchar atentamente a ellos y utilizar las palabras que resuenan con ellos. Una vez más te hace una persona mucho más agradable porque estás hablando en el mismo nivel.

Para cualquier persona que lea este libro, sé cuando se encuentra con alguien en público que habla la misma lengua extranjera que usted, hay un ionship inmediato relacionado y el vínculo forjado sólo por su idioma! Por lo tanto, como vendedor escuchar el patrón de lenguaje de su cliente corresponderlo.

Construir sobre su Ideas.

Como puede ver, estamos haciendo un círculo completo para hacer que el cliente se sienta BIEN. No puedes ser el significante uno cuando se trata de ventas porque se entorpecerá en el camino de tu servicio y será difícil para usted llegar al cliente. Si su cliente recomienda algo, CONSTRUIR EN ELLO! Anímelo, agradezca la idea y dé elogios al respecto. Si dices algo y lo repite, celebra y le premias y te recomendamos Construir el ego del cliente, no el suyo.

Sea honesto.

Sea un papel claro y transparente cuando hable con los clientes para que todo esté sobre la mesa y no oculte nada. La honestidad es la forma más fácil de mantener una buena relación porque la deshonestidad es la forma más rápida de perder la confianza y una relación con alguien en un instante. Asegúrese de tener un nivel de honestidad acerca de usted que se pueda ver fácilmente y que sea reconfortante para los demás.

Muchas personas tienen asociaciones negativas con cualquiera que trabaje en ventas, por lo que tienen miedo de trabajar con nosotros. Alguien los ha tergiversado o ha escuchado historias de terror de otros. Es por eso que están protegidos cuando entran a nuestras salas de exhibición. Ahí es donde entras para salvar el día porque no estás por el dólar, sino porque realmente te importan. Una vez que su guardia baja, no hay nada más que pura honestidad en ambos extremos.

El último paso el ritmo y el liderazgo

¿Cómo sabes cuándo finalmente tienes una buena relación con alguien? Como mencioné anteriormente, la relación es como la armonía, un baile de confianza entre dos o más personas. Aquí es donde el ritmo y el liderazgo entran en la situación para ayudarlo a evaluar si tiene una relación con la otra persona. Por ejemplo, comience a mantener el ritmo siguiendo su ejemplo, como si alguien hablara muy bajo, usted también comienza a hablar en un tono bajo.

Una vez que haya pasado suficiente tiempo usando todas estas técnicas para establecer una buena relación con su cliente, es hora de probarlo guiándolo por algo. Por ejemplo, si tiene una buena relación con alguien y comenzó a aumentar su volumen de conversación, su volumen también aumentará porque ambos están en armonía. Ahora tiene el control de la situación y tiene un nivel de relación basado en la confianza y la comprensión. Esta es la última forma de comunicación.

Uno de mis gerentes de ventas lo expresó mejor cuando me dijo: "Omid, lo que estás haciendo cuando atiendes al cliente es exactamente como una transacción bancaria". Está depositando constantemente en la cuenta y una vez que haya depositado lo suficiente, puede comenzar a retirar cuando llegue el momento de solicitar la venta ". Debe realizar depósitos para realizar retiros si no tiene dinero en el banco e intente hacer un retiro, el cajero automático lo rechazará. Sin embargo, si realiza depósitos constantemente, siempre podrá volver al banco para recuperar dinero.

Los clientes son uno y lo mismo; tiene que ganarse el derecho de hacer un retiro haciendo depósitos constantemente en forma de excelente servicio al cliente, respondiendo preguntas y orientación en la experiencia de compra. Cuando llegue el momento de solicitar el compromiso AHORA, HA GANADO EL DERECHO DE HACER ESTO.

Mientras más tiempo atienda al cliente y lo trate como quiere que lo traten, más depositará en su cuenta de ahorros con su cliente.

¡Anota tus principales conclusiones!

_____

_____

_____

_____

_____

_____

_____

_____

_____

_____

_____

_____

_____

"Las relaciones
son la verdadera
moneda de la
vida."

-CURTIS LEWSEY

CAPÍTULO BONUS

Recordar nombres - Conexiones más fuertes - Más ventas

Como ya has aprendido, cuando se trata de cerrar la venta, nada puede ser más importante que tener una fuerte conexión con el cliente potencial. En "Cómo ganar amigos e influir en la gente", Dale Carnegie dice que el sonido más dulce para el oído de una persona es cuando escucha su nombre. Recordar con éxito el nombre de alguien con quien está tratando de hacer negocios, puede hacer que la transición del potencial al cliente real suceda mucho más fácilmente.

Mi entrenador de memoria, campeón maestro de memoria en superhumano y autor más vendido de "Cómo recordar nombres y rostros", Luis Angel, me enseñó a hacer que me sea más fácil memorizar y aprender los nombres de todos los que conozco.

Recuerdo a un cliente al que estaba a punto de vender un vehículo hasta que algo apareció de su lado. Llegó al concesionario, le estreché la mano e intercambiamos nombres. Le dije,

"Hola, ¿cómo va, mi nombre es Omid, ¿cómo te llamas?" "Mi nombre es, Jeff pero mis amigos me llaman Trump". Inmediatamente utilicé las técnicas que Luis me enseñó y visualicé a Jeff con el cabello esponjoso de Donald Trump. Después de que lo llevé a través de todo el proceso de ventas llegamos al punto en que Trump iba a entregar su pago inicial, cuando me dijo que no podía hacer eso. Dijo que tenía una especie de emergencia familiar que tenía que manejar. Así que se puso de pie, nos agradeció por nuestro tiempo y se fue.

Un mes después de que esto ocurrió, lo vi caminar en el concesionario. Tiré mis manos al aire y grité "TRUMPPPPPPPPPP, quepaso!!!" Me miró extremadamente sorprendido y dijo "YOOOOOOOO!!! ¡NO PUEDO CREER ME RECUERDAS! Traje a mi esposa aquí y ambos estamos listos para comprar autos y no puedo esperar a trabajar con usted otra vez!" Trump me dijo que nunca se ha convertido en tan buen amigo de un vendedor antes. Ahora, en lugar de venderle sólo un auto, Trump terminó comprando 2 vehículos. La técnica de la memoria me ayudó a hacer esto posible.

Me he asociado con Luis Angel para tomar algunos ejemplos de su libro, que se pueden obtener en www.RememberNamesBook.com, y ayudarle a empezar a desarrollar esta habilidad de recordar el nombre y lacara de cualquier persona.

Dice que la clave de la memorización es la visualización. Para convertir todo lo que quieras memorizar o recordar, en una historia visual.

Así que con los nombres, todo lo que tienes que hacer es tomar el nombre, convertirlo en una imagen, y asociar esa imagen en la cara de la persona.

1. Ubicación

¿Qué destaca de este individuo?

2. Visualizar

¿Qué me recuerda este nombre?

Guarde la imagen en la ubicación.

3. Revisión

¿Qué imaginé en la ubicación de esa persona?

Echa un vistazo a nombre del jugador #1 para obtener algunos ejemplos sobre cómo funciona esto.

JUEGO DE NOMBRE: 1

Vamos a seguir adelante y practicar ahora mismo con 12 nombres. Te daré mi representación de imagen para cada uno de estos nombres:

Nombre: Imagen

1. Abby - Una abeja
2. Búho
3. Angel - Alas de ángel
4. Ann - Ant
5. Bridget - Puente
6. Fred á Fred Picapiedra
7. Cadenas James
8. Luis - Encaje (zapato)
9. Peggy - Pierna pelada
10. Rosa - Rosa Roja
11. Teddy - Oso de peluche
12. Muro Wanda

Esas son mis representaciones de imagen para los nombres. Si uno de ellos no resuena contigo o sientes que puedes encontrar una imagen mejor, por supuesto siéntase libre de hacer eso.

Vamos a poner esto a prueba. ¿Qué tal si tomamos esos nombres de arriba y los unimos a algunas caras?

Tengo el Nombre de la Persona y la Imagen para ese Nombre justo debajo de la Cara.

Elija algunas características faciales que destaquen sobre ese individuo, y luego tome la imagen para el nombre y visualícela haciendo algo en esa ubicación.

Al (*Owl*)	Luis (*Lace*)	Bridget (*Bridge*)
Fred (*Flinstone*)	Peggy (*Pegged Leg*)	James (*Chains*)
Abby (*A Bee*)	Teddy (*Bear*)	Wanda (*Wand*)
Angel (*Wings*)	Ann (*Ant*)	Rosa (*Red Rose*)

muy bien!

Ahora que tienes los 12 abajo, veamos cuántos de esos puedes recordar.

No te preocupes por la ortografía. Si escribes anne en lugar de Ann, está perfectamente bien.

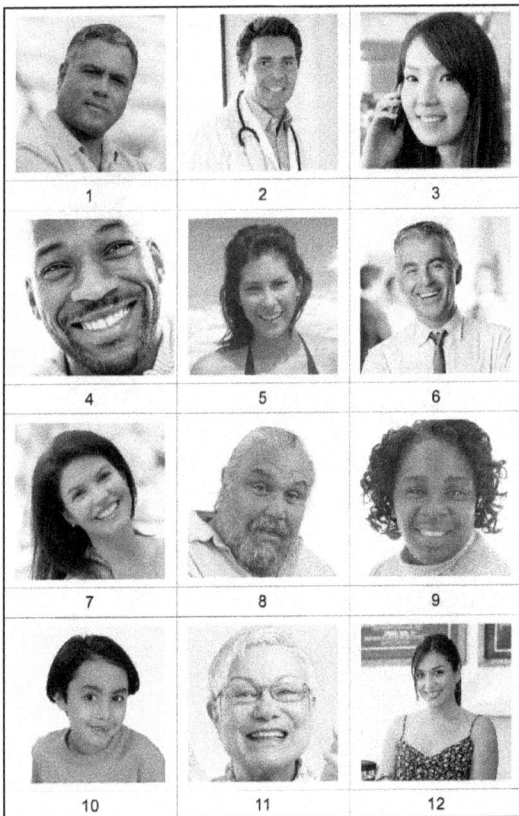

1
2
3
4
5
6
7
8
9
10
11
12

RESPUESTAS PARA NG: 1

1. Al
2. Luis
3. Bridget
4. Fred
5. Peggy
6. James
7. Abby
8. Teddy
9. Wanda
10. Angel
11. Ann
12. Rosa

¿Cómo te fue?

¿Los consiguiste todos correctos? ¿La mayoría?

Si te perdiste alguno, pregúntate "¿Por qué?"

¿Por qué crees que te perdiste ese nombre? ¿La asociación visual no era lo suficientemente fuerte? Tal vez no resonó muy bien con la representación de imagen que tengo para ese nombre. Si ese es el caso, asegúrese de elegir una representación de imagen para ese nombre que le guste.

¡Si los tienes bien, felicidades!

Probablemente estabas diciendo, "¡Esto fue fácil!" Ese podría ser el caso. Te di algunos nombres muy fáciles de memorizar. Podría traducir rápidamente esos nombres en imágenes. Abby es una abeja. Al es un búho. Son muy fáciles de ver.

Ahora probablemente estás preguntando, "¿Qué pasa con nombres más complejos como Rebecca o Alexander?"

Es el mismo proceso. Rebecca es un libro de remo. Alexander es un Leg Sander. Tomas el nombre y te preguntas: "¿De qué me recuerda este nombre?"

JUEGO DE NOMBRE: 2

Los siguientes 12 nombres e imágenes para esos nombres son los siguientes:

Nombre: Imagen

1. Brad - Pan
2. Brent - Cereal Bran
3. Cañón - Cañón
4. Félix: Félix el Gato
5. Harper - Arpa
6. María - Velo de Boda
7. Micrófono - Micrófono
8. Nicole - Níquel
9. Perla - Perla Blanca
10. Ron - Hombre corriendo
11. Ruth - Babe Ruth Chocolate
12. Tracy - Trazado con lápiz

Tracy	Harper	Ruth
Ron	Brent	Felix
Cannon	Mike	Mary
Nicole	Pearl	Brad

1

2

3

4

5

6

7

8

9

10

11

12

RESPUESTAS PARA NG: 2

1. Tracy
2. Harper
3. Ruth
4. Ron
5. Brent
6. Félix
7. Cañón
8. Mike
9. María
10. Nicole
11. Perla
12. Brad

¿Cómo te fue?

¿Los conseguiste bien?

Recuerde hacer que la asociación visual sea muy fuerte y vívida. Será más fácil cuanto más hagas esto.

JUEGO DE NOMBRE: 3

Aquí hay otra vez con 12 nuevos nombres con sus fotos:

Nombre: *Imagen*

1. Ashley - Cenizas
2. Ben - Banco
3. Billie - Billy Cabra
4. Claudia - Nube
5. Jo - Sloppy Jo
6. José - Manguera de agua
7. León - León
8. Oliver - Olivo
9. Paige - Página (papel)
10. Pat - Pat con la mano
11. Phil - Bomba de gas
12. Rex - T-Rex

Phil	Jo	Ben
Ashley	Oliver	Paige
Rex	Leon	Claudia
Billie	Jose	Pat

1

2

3

4

5

6

7

8

9

10

11

12

78

RESPUESTAS PARA NG: 3

1. Phil
2. ya
3. Ben
4. Ashley
5. Oliver
6. Paige
7. Rex
8. Leon
9. Claudia
10. Billie
11. José
12. Pat

¿Cómo te fue aquí?

En su Libro de Recordar Nombres, Luis tiene más de 500 de estos ejemplos para que usted continúe practicando con el fin de convertirse en un maestro de los nombres. Asegúrese de obtener su copia hoy en:

www.RememberNamesBook.com

Capítulo 4: Telaraña

Imagine una web llena de una cantidad ilimitada de conexiones y posibilidades. Esta web es la red de cada persona con la que ha interactuado, donde cosecha lo que siembra. Aquí es donde está bien cuando no terminas vendiendo a cada persona porque si no haces la venta con esa persona, hay aproximadamente 200 personas en su red a las que también tienes acceso si te ganas su confianza.

Recuerdo el momento en que me mudé a Orlando, Florida, después de conseguir un nuevo trabajo en un concesionario de automóviles local y me estaba acomodando en mi nuevo departamento. El único desafío era que era un apartamento sin amueblar y necesitaba comprar muebles. Como estaba trabajando todo el tiempo, inmediatamente fui de compras en mi primer día libre. Escuché algunas buenas críticas sobre un almacén de muebles, así que decidí parar allí primero. Tan pronto como llegué, fui recibido por un vendedor que parecía estar experimentado cuando respondió algunas de mis preguntas y me mostró los muebles que estaba buscando. Recuerdo haber visto algunos muebles y, a través de mi visión periférica, vi al vendedor monitoreando lentamente lo que estaba haciendo. Luego regresó a mí y trató de hacerme una venta en la cara sin establecer ninguna relación o tratarme como una persona. Me di cuenta fácilmente de que era un signo de dólar para él y

Lo rechacé y le dije que solo estaba mirando, aunque estaba listo para comprar en ese momento. Caminé más mirando otras piezas y él se acercó a mí nuevamente, obligándome a salir de donde estaba interesado y empujando la venta original hacia mí. Eventualmente trató de darme una "oferta irresistible", pero progresó hasta un punto en el que sentí que este "vendedor" me estaba ahogando y me fui sin hacer una compra.

No sea como este vendedor que no solo perdió la venta, sino que también perdió mi red. Recuerdo que a lo largo de mi tiempo en Orlando mencionaría a este hombre a mis amigos de vez en cuando cuando compartía mi historia sobre la compra de muebles. Estoy seguro de que era una gran compañía, pero la forma en que lo representaba me alejó y nunca terminé comprándoles ni lo recomendé.

Ahora estoy mencionando esta historia porque cuando pienso en un vendedor pobre; Él es el que recuerdo inmediatamente. Perdió muchos clientes potenciales solo porque me rechazó e intentó venderme en lugar de servirme.

Es lamentable, pero sé que todos los que leen este libro han encontrado algo como esto; sin embargo, como vendedor, debe comprender que no está tratando con una sola persona, sino con una red completa de personas: amigos, familiares y nuevos conocidos que se les presentarán.

Es por eso que me estreso por tratar a sus clientes exactamente como quieren que los traten para que puedan acceder a toda su red. Cuando alguien compra un auto nuevo o una casa nueva, él o ella quiere presumir a todos, lo que ahora lo abre a las personas interesadas en comprar uno también. Si las personas en su red ven que su cliente está eufórico con el servicio recibido, la probabilidad de que él o ella lo recomiende es bastante alta.

El objetivo es destacar a sus clientes. No quieres ser solo otro vendedor; quieres ser SU vendedor. Cuando se le preguntó dónde compraron el producto y de quién, quiere que digan: "Lo compré a mi tipo de auto / casa Bob".

Debido a esta regla tácita, siempre quieres prospectar. Asegúrese de que TODOS sepan lo que estás vendiendo. En todos los lugares que visité en Orlando, me aseguré de llevar mis tarjetas de visita y de que todos supieran lo que hice y dónde lo hice porque cuando haces amigos fuera del entorno y dejas una impresión duradera, cuando llega el momento de exigirlos. tu producto, ¡van a venir a ti!

Era una noche oscura y lluviosa en Orlando y vivía a unos 30 segundos de una estación de servicio Kangaroo. Acabo de llegar a casa después de una noche de fiesta y ya era tarde; todo el mundo estaba cerrado y necesitaba comprar algunas botellas de agua. Me subí a mi auto y conduje hasta la estación de servicio, todavía vestida por estar fuera, y agarré mis aguas. Terminé entablando una conversación con el cajero; Le pregunté cómo estaba su día y ella me dijo que fue un poco difícil. Le pregunté por qué y me quedé allí escuchando cómo me contaba sobre su día, estableciendo una relación con ella hasta que me preguntó cómo estuvo mi día

Le dije que tenía un día increíble en el trabajo y que acababa de volver de celebrar. Le dije exactamente a qué me dedicaba y por qué era la mejor en eso. Luego le entregué mi tarjeta de presentación y le expliqué si ella o alguien que ella conoce necesita un automóvil y quiere evitar todos los trucos típicos de los vendedores para venir a verme. Ella me agradeció y me fui. Cuatro días después, ella fue la primera clienta en la puerta de mi concesionario y estaba preguntando por mí. Estaba tan emocionado porque esa fue una ventaja libre que hice solo por ser yo mismo y dejar que la gente supiera lo que hago. A pesar de que no pudo comprar el automóvil debido al crédito, todavía le mostré un excelente nivel de servicio al cliente y

Su hijo regresó al día siguiente para comprar un automóvil y uno de sus amigos. Tenga en cuenta que nunca le pregunté por nadie más una vez que la venta no se realizó, pero mi servicio al cliente superior le permitió decidir recomendarme a otros.

¡Siempre busca y saca tu nombre, en el salón o en la peluquería, en la lavandería, en la tienda de bagels, en todas partes! El boca a boca es siempre la forma más poderosa de publicidad. Nunca sabes con quién te estás conectando y qué necesitan o cuándo lo necesitan.

¡Escriba sus principales conclusiones!

¡Anota tus principales conclusiones!

_____

_____

_____

_____

_____

_____

_____

_____

_____

_____

_____

_____

"Cada día, en todos los sentidos, estoy cada vez mejor y mejor"

-Emile Coue

Capítulo 5: Maximizar diariamente

Poco sabe, pero sus acontecimientos diarios tienen un gran impacto en sus ventas. La forma en que trata su día se reflejará en la forma en que trata a las personas y la cantidad de ventas. Piense, si todo su día está desordenado y no está dando todo, ¿qué le hace pensar que puede dar todo en sus ventas? No deje piedra sin mover y aborde todos los días como si fuera un cliente al que está trabajando en la venta. No puede subir la escalera del éxito con las manos en los bolsillos, por lo que no se inutilice arrastrando el equipaje innecesario a sus ventas.

Active su mañana y recargue el día. ¡Cuando las personas te conocen, quieren conocerte a ti que está en la cima del mundo y en tu juego "A"! Para mí, todas las mañanas comienzan cargándome y releyendo mis metas para el día, semana, mes y año para alinearme con mi POR QUÉ. Luego hago unos minutos de respiración profunda en el suelo y me centro por un día antes de caminar afuera hacia mi auto, mirar el cielo y enumerar tres cosas por las que estoy agradecido. En el viaje de 15 minutos desde mi casa al trabajo, tengo una sonrisa gigante en mi rostro mientras escucho música que me amplifica para prepararme para tomar el control de mi día. También me imagino que el día va exactamente como quiero que vaya, visualizando todas las ventas en mi camino. Así que cada vez que cruzaba la puerta, estaba LISTO para trabajar y ser el MEJOR.

Por supuesto que no soy perfecto; Hubo algunos días en que no hice esto y simplemente conducía en silencio camino al trabajo, ¡pero está bien! ¡Somos humanos! Pero tan pronto como entré por las puertas de mi sala de exposición, inmediatamente dejé caer todo lo interno y entré con la mentalidad de solo trabajar. No me importaba nada más fuera de mi vida, excepto mi trabajo. Necesitaba concentrar todo mi enfoque en el trabajo y en mis clientes.

Te estás vendiendo corto si no traes tu juego "A" a la mesa todos los días. Cuando las personas se acercan a ti o cuando te acercas a ellos, pueden sentir fácilmente cuando tu cabeza no está en el juego y no les estás dando toda tu presencia, lo que los hará menos propensos a darte más. El lugar de trabajo es donde están solo usted y su trabajo. Recuerde, donde va el foco, fluye la energía. Entonces, cuando traes todo tu enfoque a tu trabajo, ¿a dónde crees que va a ir toda esa energía? Literalmente crearás energía desde cero.

Creo completamente que la razón por la que fui tan bueno fue porque entendí las ventas. Creo que vender es curativo y un vendedor está resolviendo un problema profundo cada vez que interactúa con un cliente. Un cliente entra con un problema, tal vez algo que falta en su vida, y el vendedor es la puerta de entrada a lo que necesita, para resolver el problema.

Con una creencia como esa, puedo darlo todo a esta persona porque realmente creo que la estoy curando. No solo es curativo, sino que vender también es una transferencia de energía. A la gente no le importa lo que vendes la mayor parte del tiempo: ¡te compran a ti y a todas tus emociones, estados de ser y sentimientos!

Cuando conseguí mi trabajo, sabía que no vendía automóviles, sino que me vendía a mí mismo y me comprometí a convertirme en el mejor sanador. Me dije a mí mismo mientras todos vendían autos, yo también me vendía, así es como llegaré a la cima, y lo hice.

La clave de este capítulo es aumentar su producción de energía para que la gente quiera estar cerca de usted y la gente quiera comprarlo. ¡Quieren comprar cómo los haces sentir! Quieren comprar los estados emocionales por los que los estás pasando. Antes de cualquier interacción con el cliente, debe activarse. Haz algo que te haga sentir poderoso y confiado. Antes de trabajar con cualquier cliente, aplaudía y decía mentalmente: "¡VAMOS!", Y mi cuerpo, mente y espíritu inmediatamente sabían que era hora de jugar; Era hora de servir a esta alma.

Imagine lo poderoso que sería esto una vez que comience a implementarlo en su rutina diaria. Quiero que tome tiempo y reflexione sobre algunas de las ventas que ha perdido en el pasado. ¿Los has perdido por la forma en que estabas actuando? O tal vez estabas teniendo un mal día y el cliente percibió tu mala energía. Incluso si es solo para esa interacción cuando te activas para la venta, tus ventas se dispararán porque te estás haciendo muy presentable, accesible y amigable.

He usado esta técnica con cada persona a la que le he vendido algo, incluso antes de entrar en ventas profesionales y ha funcionado.

En mi tercer día en mi concesionario, estaba siguiendo a un vendedor superior. El concesionario se estaba abarrotando y con un suministro insuficiente de vendedores, me pusieron en el piso. Me acerqué a un caballero, me presenté a él y le dije que era nuevo, pero que haría todo lo posible por tratarlo exactamente como quería que lo trataran. Comencé a explicar cómo funcionaba todo en nuestro concesionario y se sorprendió de lo relajado que estaba siendo. Comenzamos a hablar sobre la vida y expresé que este sería el primer auto que vendí.

Cuando comencé, el mínimo de las críticas que necesitabas al mes era 10 para poder ser elegible para bonos mensuales. Mi primer mes tuve 26 evaluaciones; mi segundo mes aumentó a 33. El CEO de la compañía se enteró de mis revisiones de última hora y cambió la política de revisión. El mes siguiente tuve 42 evaluaciones y lo cambió de nuevo. Lo cambió cada mes para los 7 meses que estaba allí y a la izquierda establecer el registro de la compañía de 80 evaluaciones para disfrutar de un mes.

Ni siquiera me importaba el volumen de coches que vendía, pero más sobre cómo podía conseguir que la gente comprara mi energía positiva y fuera un maestro en la venta. Esto no sólo me llevó a la cima de las listas de comentarios de 120 empleados, sino también a la cima en las ventas de automóviles.

¡haz tus anotaciones conclusiones!

_____

_____

_____

_____

_____

_____

_____

_____

_____

_____

_____

_____

"Para que podamos crecer verdaderamente, debemos tomar la plena razonabilidad de lo que sucede en nuestras vidas."

-Omid Kazravan

Capítulo 6: Culpar efectivamente

Esta es una de las lecciones más valiosas que aprendí en mi vida y la he aplicado a todos los aspectos: mis relaciones, mis ventas y mi vida diaria. Esto no solo aumentó mis ventas, sino que también me permitió crecer significativamente cada vez que se presentaba un desafío o problema frente a mí.

En ventas, cuando perdemos una venta, no podemos pasarla por alto. Necesitamos investigarlo y preguntar por qué, porque hay una gema esperando que lo recolectemos y si lo pasamos por alto, perderemos esa oportunidad cada vez mayor.

Tuve que preguntarme por qué perdí la venta y qué lección puedo aprender de ella. Fue entonces cuando me di cuenta de que era mi culpa. Ahora que me hacía una pregunta más poderosa, mi cerebro comenzó a buscar una respuesta más poderosa. Comencé a reflexionar y comencé a ver pequeñas lagunas que se perdieron. Ahora que estaba asumiendo toda la responsabilidad por lo que sucedió, desarrollé una de las mejores lecciones de mi vida.

Cuando asumimos toda la responsabilidad por las cosas que suceden a nuestro alrededor y no culpamos a los demás, podemos absorber la lección mucho más. Nuestro cerebro buscará las respuestas sobre cómo podemos mejorar para la próxima vez. Podemos mejorar la única cosa que no hicimos o tal vez hicimos demasiado que nos costó la venta o tal vez fue la relación en la que necesitamos poner más esfuerzo.

Por lo general, en la vida cuando tenemos una expectativa y no se cumple o nuestra expectativa no se cumple, a menudo nos encontramos con la decepción. Esa decepción comienza con el juego de la culpa en el que comenzamos a culpar a todos los que nos rodean, pero a nosotros mismos, la única persona que se beneficiará más de la lección.

Tómese el tiempo para mirar hacia atrás en su vida y sus ventas perdidas en las que culpó al cliente y hágase las siguientes preguntas. Cada vez que pierda una venta o en cualquier momento que esté revisando su cuota de venta, use estas preguntas como guía para ayudarlo a decodificarla.

• ¿Dónde salió mal?

• ¿Cómo podría haber satisfecho mejor sus necesidades?

• ¿Qué es lo único que puedo aprender acerca de mí mismo de esta interacción?

• ¿Qué puedo aportar de esta interacción a mi próxima?

Ahora, no podrá cerrar cada venta individual; a veces, incluso puede llevarle a un cliente un par de años comprarle. Sin embargo, este proceso de preguntas le permitirá decodificar y refinar constantemente su proceso en el camino. Siempre habrá el siguiente nivel para que alcances. No existe un proceso perfecto, pero existe el arte de perfeccionar en el camino.

Hay un término de ventas que escucharía de forma continua, incluso antes de comenzar las ventas. Por inadecuado que parezca, es un verdadero testimonio para muchos clientes: los compradores son mentirosos.

"Los compradores son mentirosos", sugiere que los clientes nunca quieren decir lo que dicen. Un segundo dicen que solo estaban mirando y al siguiente le están entregando un anticipo aunque le dijeron que no tenían intención de comprar su producto hoy.

Entran diciendo que quieren un producto muy específico y luego ven algo más por lo que su corazón inmediatamente sale y se olvidan de todo lo que dijeron sobre el primero.

Una de las mayores mentiras en toda la industria de ventas es cuando un cliente dice: "Solo mirando". Hay una razón por la que vinieron a revisar su inventario y no es porque estén "solo mirando", sino porque ESTÁN INTERESADOS ! Entraron en su establecimiento para ver sus productos; por lo tanto, se puede cerrar!

Si un cliente le dice que "solo está mirando" y lo deja irse, está dejando mucho dinero sobre la mesa. Si no cierra la venta, alguien más lo hará. Buscan a la persona que se destaca y pueden conectarse y ganar su confianza.

Tenga en cuenta que también es un cliente y / o comprador y también puede ser culpable de hacerlo. Si puede dar un paso atrás y observar la forma en que compra, puede aprender mucho sobre otros clientes.

Mientras escribía este libro, me mudé a una nueva ciudad. Lo primero que hice fue crear una lista de todos los gimnasios en mi área local para poder pasar la próxima semana revisando cada uno de ellos para ver cómo me trataban, si tenían el equipo que estaba buscando, y que finalmente cumplió mis estándares En el primer gimnasio, tan pronto como entré, fui saludado por una chica extremadamente amigable que me hizo un recorrido por el gimnasio. Tan pronto como comenzó el recorrido, nos reíamos, entablamos una gran conversación y ella me preguntó qué estaba buscando antes de mostrarme todo (recuerde, quiere satisfacer las necesidades del cliente). Después de nuestro recorrido, me mostró los precios y le agradecí que me explicara que estaba mirando varios gimnasios. Durante todo mi entrenamiento, no podía dejar de imaginarme haciendo ejercicio en cualquier otro gimnasio. Este gimnasio tenía un personal amable y lo que necesitaba; Inmediatamente me inscribí y no me he arrepentido de la decisión desde entonces.

Realmente creo que si el vendedor no me contrató de la manera en que lo hizo, habría llevado mi negocio a otra parte.

Ella no empleó tácticas de cierre duras, solo llegó a conocerme como persona, y aunque le dije que solo estaba mirando, ella lo frunció de una manera no agresiva.

Siempre cumpla con su proceso de ventas y atienda al cliente, incluso si él / ella está "solo mirando" porque generalmente los que no están interesados en este momento son los que compran ese día.

Los tiempos han cambiado y a la gente no le gusta que la fuercen o la manipulen. Muéstrales que te importas y estás ahí para ellos. La gente siempre compra a personas en las que confía.

Si pierde una venta, es su culpa. Ahora que lo sabe, mire hacia atrás porque esto ayudará a disparar su crecimiento personal y lo ayudará a convertirse en un maestro de su oficio.

Al final de cada día, vuelva a examinar su día. Mira todas tus ventas y todo lo que perdiste ese día. Hágase preguntas y posiblemente realice un seguimiento para medir su progreso.

Mire sus ventas y pregúntese:

• ¿Cómo podría haberlo hecho mejor?

• ¿Qué hice que fue espectacular?

• ¿Casi hice algo para perder la venta? Si es así, ¿cómo me recuperé?

Si no puede entender por qué perdió una venta, puede ser un poco atrevido y llamar a su cliente y preguntarle qué podría haber mejorado. Nadie le dará una respuesta más clara que el cliente. A veces, lo único que separa una venta de una pérdida es algo tan pequeño como perder la oportunidad de hacer sonreír al cliente.

Su objetivo es crear una línea de tiempo de ventas para usted. Cree un proceso que lleve a su cliente y lo guíe a lo largo de la línea de principio a fin. Una vez que haya establecido su proceso claro, puede encontrar fácilmente los agujeros y formas de perfeccionarlo en el camino.

Mi proceso de ventas fue saludar al cliente, mostrarle cómo encontrar un automóvil en nuestro sistema, señalar el lote donde podría encontrar un automóvil. A continuación, le dije al cliente que volviera a entrar en la sala de exposición y me encontrara para que yo les detuviera el auto, diera un paseo y, a través de una serie de preguntas, sacara si eran serias para poder continuar. Una prueba de manejo. Después del viaje, regresamos a la sala de exposición y comenzamos el papeleo.

A veces, el cliente venía e inmediatamente me decía que quería conducir un automóvil específico y yo estaba de acuerdo y utilizaba mis habilidades de comunicación para desviarlo de mi proceso comprobado. Uno de mis gerentes generales lo dijo mejor, de una manera muy cómica. Él dijo: "Imagina que tu proceso de ventas es como una cita. ¡No solo le dices a tu cita todo sobre ti en la primera hora! Necesitas trabajarlo lentamente. Lentamente, brinde más y más información sobre usted a medida que continúe para que pueda mantenerla interesada y con ganas de más. ¡Nunca te muevas demasiado rápido!

¡Escriba sus principales conclusiones!

_____

_____

_____

_____

_____

_____

_____

_____

_____

_____

_____

_____

_____

"Niéguese a ser ordinario!"

-Anonymous

Capítulo 7: Factor X

Este libro trata de convertirlo en el profesional de ventas del factor X. Pasarlo del vendedor ordinario al vendedor de SU cliente. Desea que el cliente lo presente como "él / ella es mi profesional de ventas (inserte el producto)".

Mucha gente tiende a esperar a que lleguen clientes potenciales y cuando adoptas un enfoque como ese tendrás cierto éxito, pero no lo suficiente como para aplastarlo en tu juego de ventas. Ya no vas a esperar pistas; los vas a crear. Las referencias llegan a quienes las ganan. Odio decirlo, pero no esperes que las personas solo te den referencias. Necesita ganarlos a través de un servicio al cliente excepcional.

En este capítulo, te voy a enseñar algo solo lo mejor del mejor uso. Esto está en un nivel completamente diferente de agregar valor del que realmente no escuchará.

Una de las técnicas que usé para obtener más referencias fue, literalmente, preguntar. Hay una cita muy famosa que dice: "Pide y recibirás". Creé una hoja con 3 formularios para completar la información de contacto de tres referencias. Daría este formulario a los clientes con los que me conecté extremadamente bien. He hecho suficiente despotismo en el banco de clientes que cuando quise retirarme tenía suficiente dinero.

Otra estrategia es ponerse delante de tantas personas como sea posible y entrar a sus hogares a través de tarjetas de agradecimiento. Imagina que cada vez que vas y revisas tu correo, todo lo que obtienes son un montón de facturas y anuncios de supermercados. No es muy emocionante revisar el correo a menos que tenga un paquete en camino. ¡Ahora piense en un momento en que fue a revisar el correo y había una carta PARA USTED! ¡Estás un poco emocionado y aliviado de que no sea otra factura! El hecho de que alguien haya tenido el tiempo y la energía para enviarle algo por correo muestra que estaban pensando en usted. ¿Por qué no hacer que su cliente se sienta especial? Tengo un amigo que es un maestro apreciador y sus ventas siempre están por las nubes porque sabe cómo alcanzar la grandeza a través de la gratitud al ser un maestro en el envío de notas de agradecimiento a sus clientes.

Para aquellos de ustedes que no lo saben, hay un hombre, Joe Girard, que posee el Libro Guinness de los Récords Mundiales para la mayoría de los automóviles vendidos (13.001). Atribuye la mayor parte de esto a la misma técnica Después de cada interacción con un cliente, comprado o no, él les enviaba una tarjeta personalizada con respecto al encuentro. No solo es una estrategia efectiva, sino que también te estás metiendo en sus hogares. No sé sobre usted, pero cada vez que recibo una tarjeta de felicitación, generalmente las guardo por un momento y las miro de vez en cuando, ¡especialmente cuando tienen un mensaje realmente agradable!

Ahora sé que estás pensando: ¡quiero leads y esta es una manera perfecta de pedir leads! No es. El objetivo de esto no es enviar la tarjeta y poner un mensaje diciendo: "¡Fue un placer conocerte! El mejor cumplido es una recomendación "¡porque ese es el primer paso fuera de su casa!

Queremos agregar valor y demostrar que nos importa. Mantenga un registro de cada uno de sus clientes y de la información específica que haya reunido, como cuántos hijos tienen, qué les gusta de la vida, qué producto compraron o vieron, e incluso cuándo son sus cumpleaños.

Tienes toda esa información, así que cuando te vuelves a conectar con ellos ya sabes de ellos. Eso hará que el cliente se sienta especial y le enviará más negocios, especialmente si hace que sus amigos y familiares se sientan tan increíbles como los hace sentir. En los cumpleaños de sus clientes, envíeles tarjetas solo deseándoles un feliz cumpleaños o envíe tarjetas durante las vacaciones. Lo que está haciendo es mantenerse en contacto y estar cerca de él / ella a través de la frecuencia; Cuando alguien le pregunta sobre la compra de un automóvil, el cliente lo derivará de inmediato porque está haciendo lo que nadie más está haciendo y se mantiene en contacto.

Puede estar pensando: "¡Omid, no quiero gastar todo este dinero en franqueo y tarjetas!" Sin embargo, si realmente lo piensa, una referencia podría hacer una venta que le proporcionaría una comisión suficiente para cubrir todo sus costos y le dan mucho más dinero en el banco.

Trate sus ventas como su propio negocio y como si fuera el CEO. Esto es solo una inversión comercial y las inversiones tienen un ROI y está utilizando este ROI para obtener más ventas, lo que en última instancia aumentará sus números y lo ayudará a ganar más dinero y referencias. Recuerda que esto es un negocio; vas a necesitar gastar algo de dinero para ganar dinero.

Otra cosa que hizo Joe Girard que le trajo muchas referencias fue pagarle a la persona que le dio una referencia y se aseguró de que todos a su alrededor lo supieran. A cada persona que vendió o incluso a aquellos que no compraron le ofrecería $ 25 por cada persona que le recomendaran. ¿Ves la llave? Sin embargo, incluso el hombre que vendió la mayor cantidad de autos en el mundo sabía que no podía cerrar cada venta y aun así ofreció pagar solo por la referencia. Es una situación de ganar-ganar para todos los involucrados.

La gente promedio hace lo que se requiere; Las personas exitosas van más allá de lo esperado.

Si haces lo que siempre has hecho, obtendrás lo que siempre has conseguido. Es hora de sacudirlo un poco y probar nuevas estrategias. ¡Si quieres ser el mejor, tendrás que cambiar todo!

¡Escriba sus principales conclusiones!

_____

_____

_____

_____

_____

_____

_____

_____

_____

_____

_____

_____

"Si crees que puedes, o no puedes, tienes razón"

-Henry Ford

Capítulo 8: Círculo completo

Cada vez que empiezo algo, me gusta unirlo todo al final, ponerlo en un círculo completo y golpear todos los puntos más importantes nuevamente.

No hay el capítulo final; esto no termina Esto es algo que llevas con tu rutina diaria porque no solo te ayuda a obtener más referencias, ganar más dinero y aumentar las ventas, sino que también ayuda a enriquecer tus relaciones durante toda tu vida.

Mi objetivo al escribir este libro era darle herramientas para usar en su vida profesional y personal. Todas estas habilidades, estrategias y consejos se correlacionan con el mundo real y se sorprendería de cómo cada una de estas áreas se ayuda entre sí.

Con este capítulo, quiero darle algunos de mis últimos consejos y técnicas para impulsarlo una vez que esté listo para comenzar a aplicar lo que ha aprendido. En términos del sistema 80/20, el negocio es 80% de psicología y 20% de producción. Si planea ejecutar sus ventas como si fuera su propio negocio, entonces debe dominar cada parte de él.

Quiero centrarme mucho en la psicología de los humanos y la correlación con las ventas. El gran Henry Ford dijo: "Si crees que puedes o no, tienes razón". Toma esta frase y disecciona realmente el mensaje que está tratando de retratar. La única persona que se interpone en tu camino eres tú. Todas las batallas que enfrentas en este mundo son solo tú contra ti mismo. Puede pensar que se enfrenta a un oponente externo, pero en realidad es solo un reflejo de su proyección hacia el mundo exterior. Algunos de nosotros pensamos que el oponente es nuestro cliente. Es por eso que insisto en el hecho de que debes dar un paso atrás y analizar la situación.

No creo que podamos vender a cada cliente, pero hay algo ... UNA COSA ... que siempre puede cambiar un trato perdido en un trato cerrado. Al aceptar que cada trato perdido es nuestra culpa, estamos más abiertos a las posibilidades de aprendizaje para cerrar el próximo cliente. Todo dependerá de ti y de cómo manejas todo y usas esto en tu vida. Cuando no hay un enemigo externo para lastimarte, te haces amigo de quién eres dentro.

Sé que no existe la perfección, pero sí creo en el progreso y la perfección en el camino. No creo que tengamos una relación perfecta con nosotros mismos, ya que somos humanos y tenemos emociones positivas y negativas. Sin embargo, si creamos un entorno en el que los aspectos positivos superen a los negativos, nuestras relaciones estarán más cerca de ser perfectas que no. Una vez que pueda convertirse en un maestro de sus emociones, verá cómo comienza a reflejarse en su día y especialmente en sus ventas.

Es más que la forma en que trata a sus clientes; también es cómo te tratas a ti mismo porque eres tu cliente final. Si no puedes venderte a ti mismo, no hay forma de que puedas vender a alguien más.

Aquí hay algunas grandes maneras de dominar más de ustedes.

- *Meditación*

- *Ejercicio*

- *Conjuros positivos*

- *"Soy..." Declaraciones*

- *Su entorno*

- *Conciencia*

- *Divertido*

Meditación: La meditación es algo que lo supera todo. Es la herramienta perfecta para convertirte en un mejor tú. Ayuda a traer paz a tu vida y a liberar mucho estrés innecesario que no necesitas. Imagine que su mente es como el océano; En el día a día, generalmente se balancea como si estuviera pasando por una tormenta masiva. Lo que la meditación hace es ayudar a calmar esas aguas a una quietud en la que una piedra puede caer y crear una onda masiva en todo momento.

La meditación te permite acceder a una parte diferente de tu mente. También te ayuda a encontrar más respuestas. Puedes hacer meditaciones guiadas o cerrar los ojos y poner música clásica y respirar profundamente permitiéndote visualizar lo que quieres en la vida. La meditación tampoco tiene que ser una gran parte de tu día. Puede hacerlo por tan solo 10 minutos al día. De cualquier manera, te invito a que seas de mente abierta y le des una oportunidad. Incluso si nunca lo has hecho antes. Si visita el sitio web www.alwaysbeclosingbook.com/meditation, le doy una lista gratuita de todas las meditaciones que recomiendo hacer.

Ejercicio: ¡ESTO ES ENORME! Su cuerpo es el único vehículo en el que tiene que vivir y su único hogar. Es lo que le dará la energía para trabajar, crear, conocer a más personas y cerrar más ventas. Si no tienes energía no puedes hacer nada.

Sé que has tenido días en tu vida donde tu nivel de energía es extremadamente bajo y no puedes producir nada.

Ahora no digo que dediques toda tu vida a convertirte en un adicto al ejercicio, ¡solo mueve tu cuerpo! Lo que no usas, lo pierdes. Salga a caminar o tome una clase de yoga o simplemente estírese en casa. La salud es nuestra mayor riqueza y si estamos ayudando a que nuestro cuerpo se mueva, nos dará más energía para que no necesite depender de la cafeína para operar. Solía trabajar con personas que no podían operar sin una bebida energética. Vivimos en la era de la información donde todo y cualquier cosa que deseamos aprender está al alcance de la mano. Te animo a que vayas y hagas una investigación sobre las formas en que puedes hacer que tu cuerpo se mueva, formas en que puedes involucrar algunos de tus músculos y abrir esos músculos tensos para que fluya más oxígeno.

Al igual que en la vida, no nos es posible detectar la reducción. En el mundo del culturismo, la reducción de manchas es un término que significa que solo te enfocas en perder grasa en un área de tu cuerpo. Eso es imposible porque su cuerpo tiene que entrar en un modo de quema de grasa y quema grasa EN TODO. En la vida, tienes múltiples áreas, pero tiendes a concentrarte en una. Incluye TODAS las áreas de tu vida y cuerpo y ¡MÚDATE!

Conjuros positivos : Estoy seguro de que puedes estar de acuerdo en que estamos hablando constantemente con nosotros mismos. Desafortunadamente, la mayoría de las veces es un diálogo interno negativo ... entonces, ¿por qué no establecer las reglas para que ganemos? Si vamos a hablar con nosotros mismos, también podríamos inundar nuestra voz interior con nada más que palabras y frases positivas. Entrena tu mente para creer y crear lo que quieras.

Los encantamientos son afirmaciones con más poder, emoción y reacción asociados. Una afirmación es una forma de hacer que una frase permanezca en tu mente a través de la repetición, como "Estoy feliz, estoy feliz, estoy feliz", hasta que elijas creerlo. Cuando repitas un encantamiento, dilo, personifícalo y lleva todo lo que tienes a lo que estás diciendo.

Sea creativo con ellos; rímalos si puede, llénelos con palabras que lo emocionarán cada vez que lo hable. La intención de esto es cobrarle absolutamente cada vez que lo encarna. Cada vez que este encantamiento abandona tus labios, es como si estuvieras poniendo toda tu alma en él.

Aquí hay un ejemplo de uno de mis encantamientos anteriores:

"Por fin el pasado es pasado. Yo, Omid Kazravan, estoy alimentado de por vida. Tengo una pasión ardiente intensa por compartir mi carisma excepcional con las personas que me rodean. ¡Tengo un fuego dentro que derrite todas las limitaciones! Estoy extremadamente extático por mi vida porque soy una bestia motivadora que no puede ser domesticada. Todo lo que hago enciendo el modo BEAST y lo doy todo. Soy un estratega maestro listo para poner a trabajar mi maravillosa creatividad. La riqueza del universo está circulando en mi vida, fluyendo hacia mí en avalanchas de abundancia. Todas mis necesidades, deseos y metas son satisfechas instantáneamente por una inteligencia infinita. Soy un alma vibrante, activa, viva, dinámica y enérgica. Estoy extremadamente agradecido por mi salud y mi bienestar. Soy un éxito ".

Ahora, no necesita ser tan largo como el mío, sino más bien corto y al grano. Puede ser una oración si quieres. Uno de mis encantamientos cortos favoritos es: "TODO LO QUE NECESITO ES DENTRO DE MÍ AHORA". Es directo y al grano y me entusiasma cuando lo digo. ¡Recuerde, no tiene que quedarse con usted por el resto de su vida! Está bien cambiarlo constantemente a medida que maduras.

Aquí está uno de los encantamientos del orador legendario Tony Robbins que declara ante cada cliente o audiencia:

"Ahora le ordeno a mi mente subconsciente que me dirija a ayudar a tantas personas como sea posible hoy a mejorar sus vidas, dándome la fuerza, la emoción, la persuasión, el humor, la brevedad, ¡lo que sea necesario para mostrar a estas personas y obtener estas personas a cambiar su vida ahora! "

¡Anímate y sé creativo con los tuyos! Siéntase libre de consultar el diccionario de sinónimos de sinónimos para realmente traer emoción y una sonrisa a su cara.

Declaracione de "Yo soy....: estos son el mismo concepto que los encantamientos. No solo estamos diciendo I am, sino que los estamos encarnando físicamente y hablando en voz alta al mundo. ¡Es mejor si pones EMOCIÓN EN ELLA! Convéncete de que va a cambiar tu vida; debes creer en él completamente para que surta efecto. Recuerde, está volviendo a cablear años y años de patrones de pensamiento en algo que realmente nos sirva en un nivel superior. Asegúrese de que sus mensajes y sus encantamientos también estén alineados con sus creencias.

Estos son mis I AMS que digo a diario:

- Soy amado
- Soy creativo
- Estoy guiado
- Estoy centrado
- Estoy castigado
- Soy apasionado

- Estoy agradecido
- Soy carismático

Repito esto cuando conduzco o salgo a caminar o correr. Si estoy en el auto, haré sonar mi música y luego procederé a gritar todo esto en la parte superior de mis pulmones e involucraré a todo mi cuerpo, incluidas mis expresiones faciales, y crearé la intensidad y el propósito de que CAMBIARÁ en mi vida.

¿Quieres ser más una persona paciente? ¿Tal vez quieres ser más creativo y no te sientes así? Deja volar tu imaginación y no la limites. Todo es posible. Asegúrese de que sus mensajes de texto estén en tiempo positivo. Nuestros cerebros no pueden registrar el tiempo negativo, así que si dices "no soy ____", ¡tu cerebro registrará que eres eso! Todo esto es parte del proceso de crear nuestra vida por diseño y recordar que las personas exitosas hacen lo que los fracasos no hacen. Siga adelante y cree el suyo, pero recuerde anotarlo.

Tu entorno: Ustedes son las personas con las que se rodean. Recuerdo que cuando trabajaba en mi concesionario se convirtió en mi segunda casa. Pasaría entre 60 y 85 horas a la semana allí, así que estas eran las personas con las que me rodeaba constantemente.

Recuerdo que muchos compañeros de trabajo se quejarían mucho y no harían nada más que poner energía negativa en el mundo.

¿Ves cómo este tipo de personas pueden derribarte si lo permites? Ese es el poder de las personas negativas. Recuerdo que me sorprendí adquiriendo algunos de sus hábitos y repitiendo sus comentarios negativos. Tenía que atraparme y recordarme quién era.

No te unas al club negativo; en su lugar, use ese tiempo para crear oportunidades para usted en sus ventas. Mientras se quejan, ve a hacer una venta porque lo que sacas finalmente volverá a ti, así que si no haces nada más que dejar energía negativa en la habitación, eso es lo que recibirás. En cambio, genere un ambiente positivo que fomente su crecimiento, ya sea en su lugar de trabajo o en el exterior. Independientemente de cuánto cambio queramos, si nuestro entorno es extremadamente tóxico, es probable que nunca realicemos el cambio o que sea extremadamente difícil.

Conciencia: El primer paso para cambiar es tener en cuenta que hay algo que debe cambiarse. Sé consciente de tus debilidades, de lo que sucede a tu alrededor, de lo que te está haciendo hacer algo o de por qué estás reaccionando de la manera que eres.

Conviértete en un maestro de analizar a ti mismo. Siempre pregúntate POR QUÉ haces algo porque una vez que puedas darte cuenta, sabrás lo que te motiva y podrás replicarlo.

Si siente cierta emoción, retroceda y pregúntese por qué se siente así. ¿Qué necesitarías hacer en ese momento para detenerte o comenzar a sentir esa emoción? ¡Si no puedes pensar en algo, solo finge que sabes la respuesta y mágicamente te llegará!

Conciencia: El primer paso para cambiar es tener en cuenta que hay algo que debe cambiarse. Sé consciente de tus debilidades, de lo que sucede a tu alrededor, de lo que te está haciendo hacer algo o de por qué estás reaccionando de la manera que eres.

Conviértete en un maestro de analizar a ti mismo. Siempre pregúntate POR QUÉ haces algo porque una vez que puedas darte cuenta, sabrás lo que te motiva y podrás replicarlo.

Si siente cierta emoción, retroceda y pregúntese por qué se siente así. ¿Qué necesitarías hacer en ese momento para detenerte o comenzar a sentir esa emoción? ¡Si no puedes pensar en algo, solo finge que sabes la respuesta y mágicamente te llegará!

DIVERTIDO: Finalmente, de esto se trata: diversión. Si no te estás divirtiendo, algo está mal. Necesitas divertirte en lo que haces porque tu diversión se escapará y se volverá contagiosa; la gente querrá estar cerca de ti porque solo eres una persona realmente divertida.

Siempre pregúntese cómo puede hacer que esta tarea sea más divertida. ¡Sé creativo, como un explorador hambriento que siempre busca oportunidades! Algo que siempre me disgustó fue poner aire en los neumáticos de mis clientes. Sin embargo, creé un juego a partir de él; Decidí correr por cada neumático y crear un tiempo personal. Hacer eso me entusiasmó bombear aire porque era una actividad que ya no parecía aburrida.

Cuando las cosas se vuelven aburridas, ya no quieres dar lo mejor de ti. Si no es divertido, no vale la pena. Si no te estás divirtiendo, debes descubrir por qué no te estás divirtiendo o cambiar tu carrera.

La vida es demasiado corta para no divertirse.

¡Escriba sus principales conclusiones!

_____

_____

_____

_____

_____

_____

_____

_____

_____

_____

_____

"No hay tal cosa
como el
fracaso, sólo
resultados."

-Anthony Robbins

Capítulo 9: Conclusión

Te necesitan en este mundo, en esta sociedad. Los vendedores hacen que la rueda gire porque si no ayudamos a retirar los productos de los estantes, todo el sistema deja de funcionar. Somos los motores de toda la operación.

Una vez que adoptes esta creencia, comenzarás a sentirte mucho más satisfecho porque inmediatamente estás haciendo algo mucho más grande que tú. Imagine una cadena alimentaria: incluso si faltara un componente de la cadena alimentaria, crearía una onda masiva y, en última instancia, alteraría todo el ecosistema.

La próxima vez que interactúe con un cliente, recuerde que él o ella no solo está comprando el producto, sino también usted. Si deja una impresión negativa, también está dejando una impresión negativa en cada persona con la que habló el cliente. Ahora veamos el otro lado de la moneda.

Piense en un momento en que alguien le dejó una impresión duradera. Una vez que tenga a esa persona en mente, piense en cómo se sintió y también piense en a quién le contó su experiencia. Esa persona acaba de recibir mucha exposición gratuita solo por ser un gran vendedor.

Su cliente aprecia a un vendedor que hará un esfuerzo adicional y le dará una interpretación honesta. Esto ayuda a construir su relación y relación entre usted y su cliente. Como vendedor, el objetivo final es cerrar una venta; Al servir a su cliente e iniciar una afinidad honesta y confiable, ¡CERRARÁ LA VENTA!

Es hora de que tomes todo lo que has aprendido y ve y lo apliques. Todo lo que necesita para duplicar o triplicar sus ingresos y ventas es solo UNA cosa. No hay razón para que se sobrecargue de información si al final no usa nada de lo que ha aprendido.

Muchas gracias por tomarse el tiempo de leer este libro. Me siento muy bendecido y agradecido de haber tenido la oportunidad de compartir mis aprendizajes con usted y beneficiar la calidad de su vida. ¡Espero poder conocerte en algún momento!

Agradecimientos

De todo el libro, este capítulo es probablemente el más difícil de escribir. Hay tantas personas que he conocido a lo largo de mi vida que han agregado inmensas cantidades de valor a mi vida.

Las relaciones son la verdadera moneda de la vida. Cuanta más calidad tenga en sus relaciones, más satisfecho se sentirá. Estoy donde estoy hoy debido a la influencia que las personas con las que me he rodeado me han tenido.

"Muéstrame a tus amigos y te mostraré quién eres". Esta cita siempre me llama la atención porque eres el total de las cinco personas con las que más andas. Me siento muy honrado de haber podido rodearme de nada más que la verdadera grandeza.

Me llevaría una eternidad sentarme aquí y agradecer a todos. Voy a comenzar con las personas que han tenido el mayor impacto primero.

Mamá: Mi hermosa madre, te amo mucho. Es por ti que estoy donde estoy hoy. Criarme, como madre soltera, no fue tarea fácil, pero hiciste innumerables sacrificios y lograste salir adelante. Solías trabajar en tres trabajos solo para pagar las cuentas y alimentarnos a los dos cuando era más joven. Toda mi vida inculcaste la creencia de que podía hacer, ser y crear lo que quisiera; siempre y cuando tuviera una visión para ello y trabajara mucho. Eras mi Tony Robbins incluso antes de que lo conociera. Eres la mejor vendedora que he conocido en mi vida, eres la encarnación del amor incondicional, un verdadero estafador y la mejor madre para caminar por este planeta.

Nick: mi hermano de otro. Al momento de escribir este libro, tenemos 12 años de amistad. Siempre has estado allí cuando lo necesitaba, y siempre sabes exactamente qué decir y cuándo decirlo. Durante los momentos más bajos de mi vida, siempre supe que aparecerías al 100% cuando llamé; y ser el mejor amigo que un tipo podría pedir. No sé dónde estaría en mi viaje si no te tuviera a mi lado. Siempre me mantienes humilde y siempre captas las cosas que hago que nunca me veo. te quiero. Gracias.

Juan: Eres como mi hermano mayor, siempre cuidándome y siempre manteniéndome fuera de problemas. Cada vez que vengo a ti con una razón de por qué no puedo hacer algo, inmediatamente rompes esa historia de BS que tengo en mi cabeza. Eres una de las mayores inspiraciones de mi vida y todos los días me siento honrado de poder llamarte hermano. Siempre me has mantenido en mi nivel más alto desde el día en que te conocí. Siempre sé que puedo contar contigo cuando necesito discutir una nueva idea, relación o nueva empresa comercial. Es gracias a ti y a Luis que estoy tomando medidas para cualquier cosa que tenga que ver con mi pasión. te quiero. Gracias.

Luis: ¡ESTE CHICO! Eres la definición de ajetreo. Eres la última persona que quiero decepcionar. Sé que si te digo que voy a hacer algo, eso significa que tengo que hacerlo. Si no lo hago, habrá una cantidad interminable de tostado. Me has enseñado muchas cosas con respecto a nuestra industria. No solo eres mi mentor sino también mi otro hermano. Cada vez que estoy a punto de hacer algo, siempre me pregunto: "¿Qué haría Luis?". Te preocupas mucho por los que te rodean y eso se nota en tus acciones cotidianas y en cómo interactúas con todos. A pesar de lo súper ocupado que estás, reservas tiempo para hablar conmigo cada vez que llamo. Eso significa el mundo. Si nunca te hubiera conocido, estaría a millas de distancia. te quiero. Gracias.

Familia Kazravan: Muchas gracias por ayudar a mi madre a criarme. Has infundido tanto amor en mi vida solo porque todos exudan amor. Gracias por ayudarme a crear hermosos recuerdos, estar allí cuando más lo necesitaba y mostrar un sinfín de apoyo y aprecio. Te amo gracias.

"Trabaja tan duro que tus ídolos se conviertan en tus amigos".

Tony Robbins: Todavía no te he conocido, pero durante los últimos 10 años has sido la mayor fuente de inspiración y motivación en mi vida. Desde los 12 años he estado escuchando y aplicando todo lo que has estado enseñando. He sido resucitado de tus enseñanzas. Cada vez que siento que los tiempos se están poniendo difíciles y quiero tirar la toalla siempre pienso en tu historia de tu educación. Si tuviera que dejar de fumar cuando se enfrentara a todas esas dificultades, mi vida nunca se vería afectada y no estaría aquí, ni habría conocido a las personas increíbles en mi vida. Una vez que me conecto con eso, sé que necesito seguir haciendo esto para aquellos similares a mí en el mundo. Sigue haciendo lo que estás haciendo y no puedo esperar el día en que pueda compartir un escenario contigo y llamarte uno de mis queridos amigos. Te amo gracias.

"Trabaja tan duro que tus ídolos se conviertan en tus amigos".

Tony Robbins: Todavía no te he conocido, pero durante los últimos 10 años has sido la mayor fuente de inspiración y motivación en mi vida. Desde los 12 años he estado escuchando y aplicando todo lo que has estado enseñando. He sido resucitado de tus enseñanzas. Cada vez que siento que los tiempos se están poniendo difíciles y quiero tirar la toalla siempre pienso en tu historia de tu educación. Si tuviera que dejar de fumar cuando se enfrentara a todas esas dificultades, mi vida nunca se vería afectada y no estaría aquí, ni habría conocido a las personas increíbles en mi vida. Una vez que me conecto con eso, sé que necesito seguir haciendo esto para aquellos similares a mí en el mundo. Sigue haciendo lo que estás haciendo y no puedo esperar el día en que pueda compartir un escenario contigo y llamarte uno de mis queridos amigos. Te amo gracias.

Amigos: Sergio, Adriana, Lola, Michael Savage, Chuck, Felix, Mina Shah. Si me perdí tu nombre, todos sabrán exactamente quién eres. Gracias por estar separado de mi vida y hacer que valga la pena vivirla. No cambiaría los recuerdos que hemos creado por nada. Nuestras raíces son muy profundas y todo lo que quiero hacer es compartir mi éxito con todos ustedes. Gracias a todos por su apoyo y todas las risas que hemos compartido juntos. Te amo gracias.

Tú: Gracias sobre todo. Tú eres la razón por la que me levanto para trabajar y la razón por la que paso horas creando contenido. No estaría haciendo esto si no estuvieras aquí. Cada vez que estoy creando algo, sé que hay personas que necesitan escuchar lo que tengo que decir.

Gracias por ser como eres. Mi visión es impactar a un millón de personas (incluido usted) y mostrar a las personas cómo aumentar la calidad de sus vidas.

www.ingramcontent.com/pod-product-compliance
Lightning Source LLC
Chambersburg PA
CBHW071656210326
41597CB00017B/2224